Soy Benjamín Franklin

BRAD MELTZER
ilustraciones de Christopher Eliopoulos
traducción de Isabel C. Mendoza

Soy **Benjamín Franklin.**

Vengo de una familia grande de Boston. *Muy* grande. Yo era el varón más pequeño, y tenía diez hermanos y hermanas mayores y dos hermanas menores.
ESO ES UN **MONTÓN** DE GENTE PARA UNA CASA PEQUEÑA.
¡DILES QUÉ TAN PEQUEÑA ERA! ¡SOLO TENÍA DOS HABITACIONES!

De niño, me gustaba tanto nadar que quise encontrar la manera de nadar más rápido.
Primero, estudié el problema.
UMMM.
MIENTRAS MÁS GRANDES SEAN LAS MANOS Y LOS PIES, MÁS AGUA PUEDE UNO EMPUJAR.
Entonces, comencé a hacer experimentos.
HICE DOS GUANTES GRANDES CON AGUJEROS PARA MIS PULGARES.
TAMBIÉN HICE UNOS PARA MIS PIES.
¡MIREN CÓMO NADA!

Mi siguiente experimento de natación fue con un papalote.
¿DE VERDAD CREES QUE PUEDES APRENDER ALGO DE UN PAPALOTE?
¿QUIERES DECÍRSELO TÚ O SE LO DIGO YO?
Cuando logré elevar el papalote, corrí a un estanque cercano.
¡FUNCIONA!

Si estás dispuesto a hacer experimentos, puedes aprender algo nuevo y usarlo para mejorar alguna cosa.

Tenía diez años de edad cuando comencé a trabajar. Hacía velas y jabones para mi papá.

Mi papá me mostró diferentes trabajos con la esperanza de que encontrara algo que me interesara.

Me gustaba ver cómo se fabricaban las cosas.
El mundo tiene mucho por descubrir.
Pero había una cosa que me gustaba más que cualquier otra.

Leer libros.

Me encantaba tanto leer que siempre que me sobraba dinero lo usaba para comprar libros.

Eso significa que la historia no ocurre sola: la escriben, la construyen y la mejoran gente como tú y como yo.

Como me gustaba tanto leer y escribir, decidí trabajar para mi hermano James. Él era el dueño de una de las herramientas más poderosas del mundo: un periódico. El de mi hermano fue el primer periódico independiente de Boston.

Yo también quería ser escritor, pero mi hermano no me dejaba.

De manera que un día, cuando tenía dieciséis años, escribí un ensayo y lo metí por debajo de la puerta del periódico.

Usé una letra diferente a la mía y un nombre falso, haciéndome pasar por una mujer mayor que vivía en el campo.

Fue así como me convertí en un autor publicado.

Con el tiempo, decidí abrirme mi propio camino: escribir mi propia historia. Me marché a la gran ciudad...

Filadelfia.
Mi nuevo hogar.
El día que llegué, vi a una joven llamada Deborah frente a una casa.
ALGÚN DÍA NOS CASAREMOS.
¿NOS **QUÉ**?

Fui a Filadelfia a buscar un mejor trabajo y una mejor vida.

Encontré las dos cosas.

Pero, ¿qué fue en lo que más trabajé?

En mejorarme a mí mismo.

Para convertirme en una mejor persona, escribí mis propias reglas de vida, mi propio "Plan para la conducta futura".

Para agudizar mi mente, fundé mi propio club: el Club Junto. Debatíamos las grandes preguntas del momento. Por ejemplo...

Pero las labores más importantes las realizaba en mi trabajo.

En Filadelfia, monté una imprenta para hacer mi propio periódico, la *Gaceta de Pensilvania*.

Me convertí en defensor de la libertad de prensa, pues publicaba opiniones muy variadas.

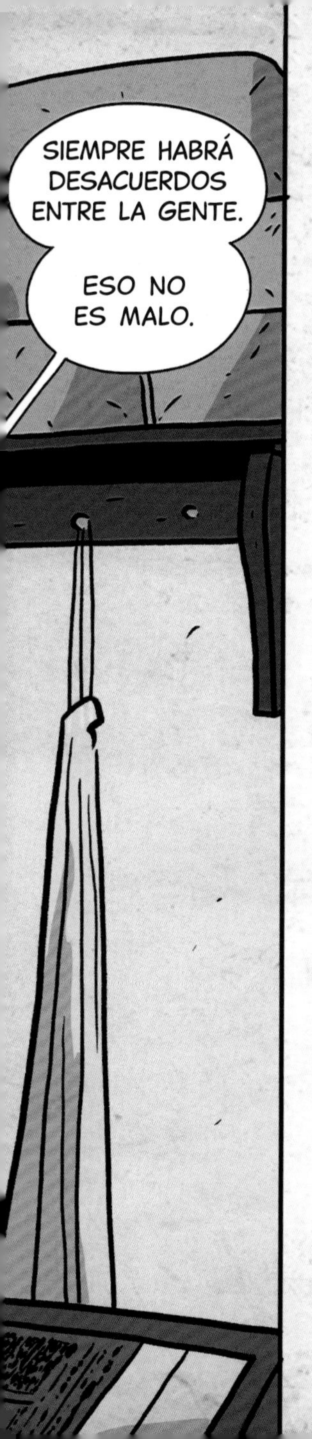

Recuerda que, si escuchas solo un lado de una discusión, no tendrás toda la información importante. No podrás tomar una decisión informada.

Además del periódico, también publicaba, una vez al año, *El almanaque del pobre Richard*.

Mi verdadero objetivo era ayudar a mis lectores a ser mejores personas.

Si quieres mejorar el mundo, debes comenzar por ti mismo.

Con el tiempo, añadí más virtudes a mi guía para la vida: llegaron a ser trece en total, incluyendo la sinceridad (que es decir lo que en realidad sientes), la justicia (que es tratar a todos de manera justa) y la humildad (que significa no ser vanidoso).

Intenté dominarlas todas al mismo tiempo, pero fue imposible.

ENTONCES, HICE UN EXPERIMENTO: CADA SEMANA ME CONCENTRABA EN UNA VIRTUD.

SOY DESORDENADO, ASÍ QUE ESTA SEMANA ME CONCENTRARÉ EN LA LIMPIEZA.

LA PRÓXIMA, EN LA MODERACIÓN.

l	Justicia	Moderación	Limpieza	Tranquilidad	Castidad	Humildad
✓	✓		✓		✓	
	✓				✓	
					✓	

Nadie es perfecto.

Pero todos podemos esforzarnos continuamente para mejorar.

En ningún momento perdí el amor por aprender y descubrir cosas nuevas. Observé a la gente que se enfermaba, y fui uno de los primeros en darse cuenta de que los resfriados se contagian.

Hice experimentos para probar que los colores oscuros absorben más calor que los claros.

Mis teorías sobre el movimiento de las tormentas dieron comienzo a la predicción del estado del tiempo.
¡SOPLA PARA ALLÁ!
Y no olvidemos mi experimento científico más famoso...

¡La electricidad! En aquel tiempo, no se sabía exactamente cómo funcionaba.

Observando cuidadosamente, descubrí que cuando hay una carga positiva, o energía de un tipo, también hay una carga negativa igual, la energía opuesta.

También me di cuenta de que cuando caían rayos sobre las puntas de las torres de las iglesias se producían incendios terribles.
Tenía que haber una manera más segura de hacer las cosas.
PALABRAS QUE ÉL INVENTÓ, COMO "CARGA" Y "BATERÍA", SE SIGUEN USANDO HOY EN DÍA.
¿ESTÁS SEGURO?
¡ES HORA DE HACER EL EXPERIMENTO!

Estaba esperando a que terminaran de construir la torre de una iglesia de mi vecindario para poner en la punta una varilla de metal para hacer la prueba.

Se estaban demorando tanto, que mi hijo y yo decidimos más bien hacer el experimento con un papalote.

En junio de 1752, una noche nublada, pusimos una vara de metal en la parte superior de un papalote de seda.

Luego, atamos una llave a la col mojada del papalote con la idea de que nos mostrara las chispas cuando un rayo golpeara la vara

Al poco tiempo, se instalaron en Filadelfia los primeros pararrayos del mundo. Hoy, los pararrayos previenen millones de incendios en todo el planeta.

De todos mis experimentos, quizás el más *importante* fue este: el experimento de Estados Unidos.

En ese entonces, el país no existía como tal.

No había estados: solo trece colonias, todas controladas por el rey Jorge III, quien nos trataba injustamente.

En 1775, estaba comenzando la Guerra de Independencia.
Fui elegido para el Segundo Congreso Continental, en el cual votamos para que las trece colonias se unieran y lucharan contra el rey.
MÁS DE VEINTE AÑOS DESPUÉS DE LA PUBLICACIÓN DE SU PRIMERA CARICATURA, ESA IMAGEN SE CONVIRTIÓ EN UN SÍMBOLO DE LA UNIÓN EN LA LUCHA POR LA LIBERTAD.
JOHN HANCOCK
TOMÁS JEFFERSON
JOHN ADAMS
P.
N.E.
M.
V.
N.Y.
N.J.
N.C
JOIN, or DIE.
GEORGE WASHINGTON

A Tomás Jefferson lo eligieron para que redactara un documento en el que se declarara nuestra independencia de Inglaterra.

En ese documento le decíamos al rey qué tipo de país queríamos ser.

La gente que vivía aquí tendría ciertos derechos, como a la vida, la libertad y la búsqueda de la felicidad.

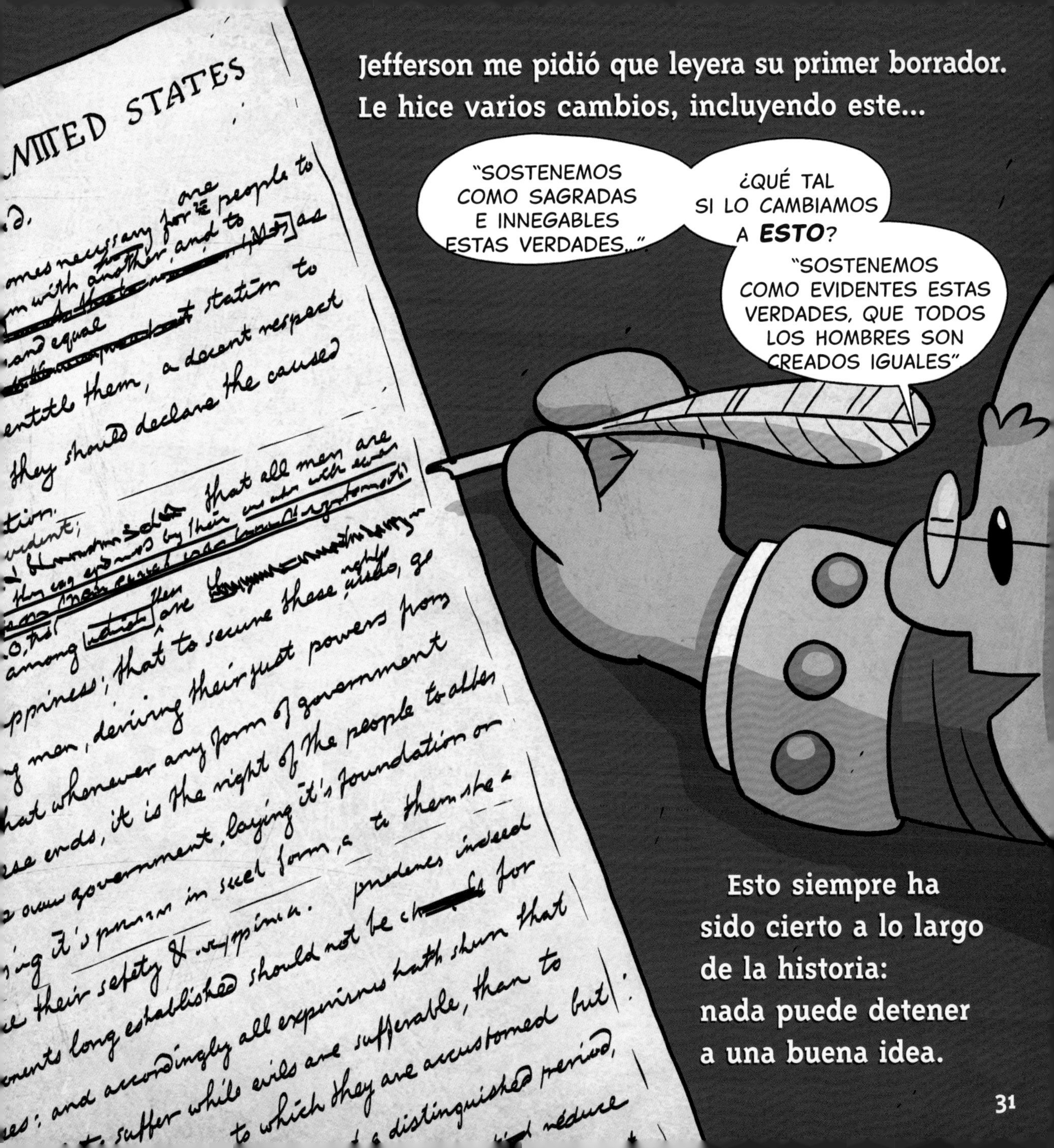
Jefferson me pidió que leyera su primer borrador. Le hice varios cambios, incluyendo este...
"SOSTENEMOS COMO SAGRADAS E INNEGABLES ESTAS VERDADES..."
¿QUÉ TAL SI LO CAMBIAMOS A **ESTO**?
"SOSTENEMOS COMO EVIDENTES ESTAS VERDADES, QUE TODOS LOS HOMBRES SON CREADOS IGUALES"
Esto siempre ha sido cierto a lo largo de la historia: nada puede detener a una buena idea.

Durante mi vida, trabajé duro para mejorar cosas, incluyéndome a mí mismo.

Eso no es nada fácil.

Cuando tratas de mejorar las cosas, siempre existe el riesgo de fracasar.

No dejes que eso te detenga.

Puedes progresar si aprendes de tus fracasos.

Las nuevas ideas son como los relámpagos.

Pueden salir de la nada, de repente, impactando todo con una fuerza asombrosa.

Esa fuerza es tuya. Úsala con sabiduría y...

...cambiarás el mundo.
¿PUEDES CREER TODO LO QUE INVENTÓ?
EL PARARRAYOS.
LOS BIFOCALES.
¡UN BRAZO MECÁNICO PARA BAJAR LIBROS DE ESTANTES ALTOS! ¡Y MUCHAS COSAS MÁS!
¿SABÍAS QUE TAMBIÉN AYUDÓ A CREAR UNA BRIGADA CONTRA INCENDIOS, UN CUERPO DE GUARDIAS NOCTURNOS, SU PROPIA UNIVERSIDAD Y LA PRIMERA BIBLIOTECA CON SERVICIO DE SUSCRIPCIÓN?
27

FUE LA ÚNICA PERSONA QUE AYUDÓ A ESCRIBIR Y FIRMÓ LOS CUATRO DOCUMENTOS MÁS IMPORTANTES PARA LA CREACIÓN DE ESTADOS UNIDOS:
LA DECLARACIÓN DE INDEPENDENCIA, EL TRATADO CON FRANCIA, EL TRATADO DE PARÍS CON GRAN BRETAÑA Y LA CONSTITUCIÓN.
PERO, INCLUSO CUANDO YA ERA FAMOSO, SEGUÍA FIRMANDO COMO "B. FRANKLIN, IMPRESOR".
SOMOS RESPONSABLES POR NOSOTROS MISMOS **Y** POR LOS DEMÁS.
LA GENTE BUENA PUEDE LOGRAR MUCHO DE MANERA INDIVIDUAL.
PERO NADA SE COMPARA CON LO QUE PODEMOS HACER **JUNTOS**.
42

Fui impresor, escritor, inventor, científico, erudito y uno de los Padres Fundadores.

No tienes que ser una sola cosa, pero sí tienes que ser una buena persona.

Siempre puedes mejorarte a ti mismo.

Siempre puedes mejorar el mundo.

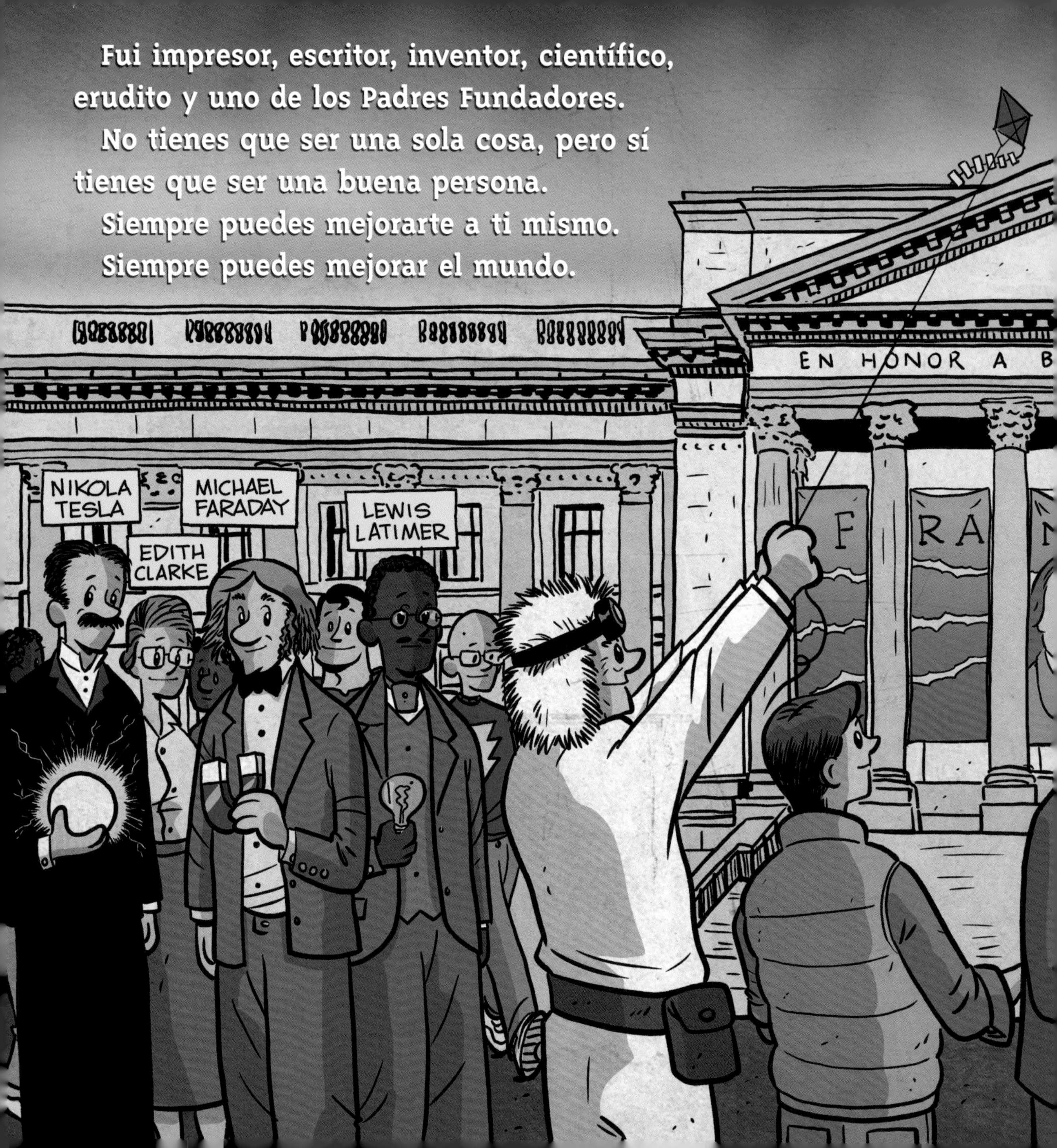

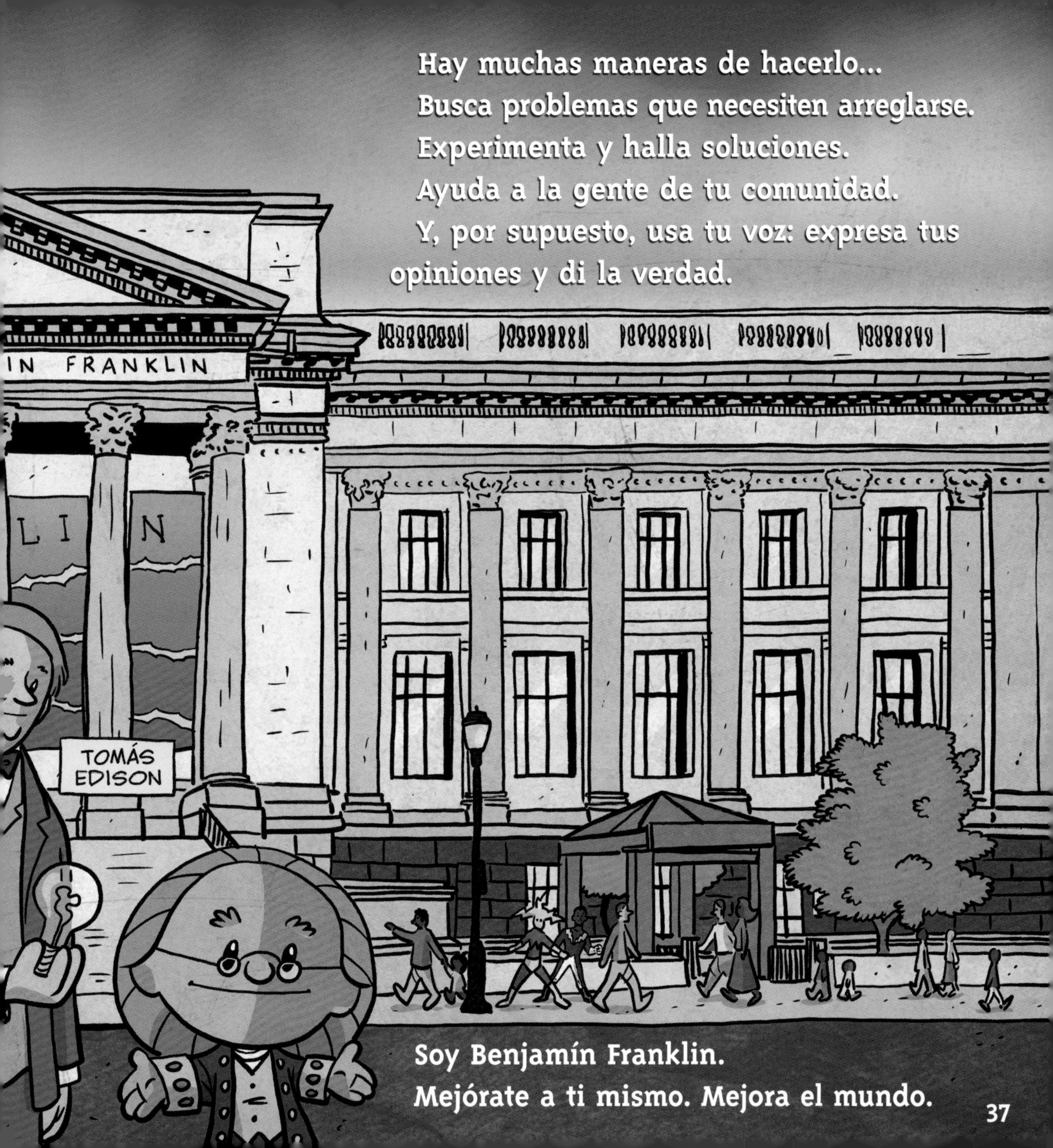

Hay muchas maneras de hacerlo...
Busca problemas que necesiten arreglarse.
Experimenta y halla soluciones.
Ayuda a la gente de tu comunidad.
Y, por supuesto, usa tu voz: expresa tus opiniones y di la verdad.

Soy Benjamín Franklin.
Mejórate a ti mismo. Mejora el mundo.

"Dímelo y lo olvidaré. Enséñamelo y lo recordaré. Involúcrame y lo aprenderé".

—Benjamín Franklin

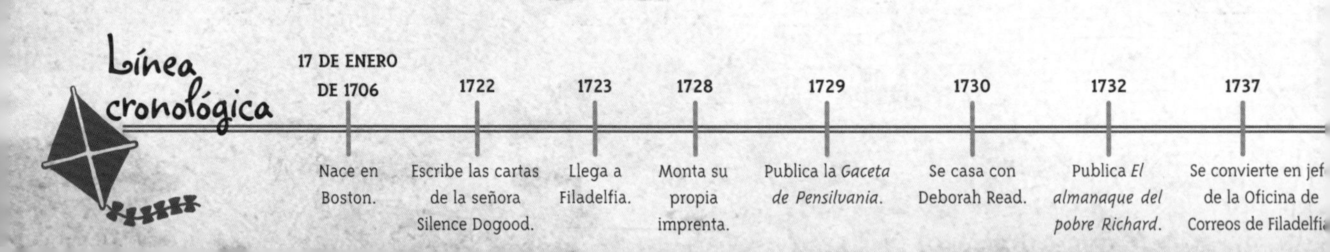

En la Universidad de Pensilvania

La Declaración de Independencia, pintura de John Trumbull (Galería de Arte de la Universidad de Yale)

Uno de los rostros de los billetes estadounidenses

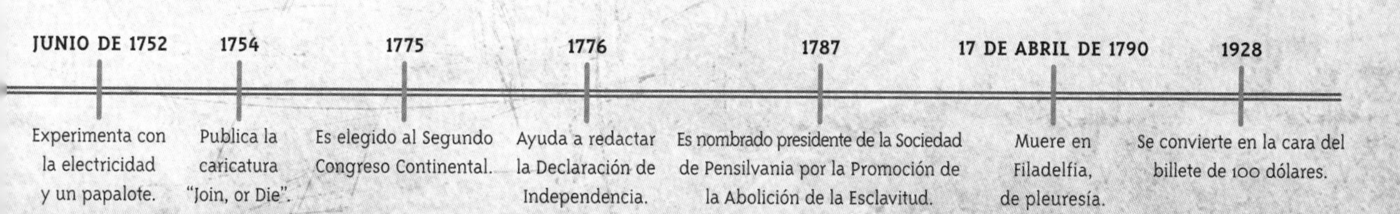

Para Ami y Matt Kuttler,
quienes siempre me han ayudado a ser
la mejor versión de mí.
Y para Ryan, Ali y Benny: me enorgullece
mucho ser su tío. Continúen persiguiendo sus
pasiones, que yo seguiré vitoreándolos.
—B. M.

Para Ken Lopez,
quien me inició en mi carrera
y en mi vida.
—C. E.

En aras de la precisión histórica, usamos los diálogos reales de Ben Franklin siempre que fue posible. Para más citas textuales del señor Franklin, recomendamos y reconocemos los títulos citados abajo.

Un especial agradecimiento a Susannah Carroll y a nuestros amigos del Instituto Franklin, en Filadelfia, Pensilvania, por sus comentarios a los primeros borradores.

FUENTES

The Autobiography and Other Writings, Benjamin Franklin (Signet, 2014)
Benjamin Franklin: An American Life, Walter Isaacson (Simon & Schuster, 2003)
Benjamin Franklin, Edmund S. Morgan (Yale Nota Bene, 2003)
La fecha del experimento del papalote y la llave fue tomada de un relato posterior de Joseph Priestley que se puede leer en inglés en *Founders Online*, cortesía del Archivo Nacional: https://founders.archives.gov/documents/Franklin/01-04-02-0135

MÁS LECTURAS PARA NIÑOS

Celebra el Cuatro de Julio con Campeón, el glotón, Alma Flor Ada y F. Isabel Campoy (Loqueleo, 2006)
¿Quién fue Benjamín Franklin?, Dennis Brindell Fradin (Loqueleo, 2009)

500 Boylston Street, Suite 620
Boston, MA 02116-3736
www.vistahigherlearning.com
www.loqueleo.com/us

Publicado originalmente en Estados Unidos bajo el título *I Am Benjamin Franklin* por Dial Books for Young Readers, un sello de Penguin Random House LLC, Nueva York.
Esta traducción ha sido publicada bajo acuerdo con Forty-four Steps, Inc. y Christopher Eliopoulos c/o Writers House LLC.

Dirección Creativa: José A. Blanco
Vicedirector Ejecutivo y Gerente General, K–12: Vincent Grosso
Desarrollo Editorial: Salwa Lacayo, Lisset López, Isabel C. Mendoza
Diseño: Ilana Aguirre, Radoslav Mateev, Gabriel Noreña, Verónica Suescún, Andrés Vanegas, Manuela Zapata
Coordinación del proyecto: Karys Acosta, Tiffany Kayes
Derechos: Jorgensen Fernandez, Annie Pickert Fuller, Kristine Janssens
Producción: Esteban Correa, Oscar Díez, Sebastián Díez, Andrés Escobar, Adriana Jaramillo, Daniel Lopera, Juliana Molina, Daniela Peláez, Jimena Pérez

Traducción: Isabel C. Mendoza

Soy Benjamín Franklin
ISBN: 978-1-54338-603-5

Printed in the United States of America

1 2 3 4 5 6 7 8 9 KP 28 27 26 25 24 23